Noch 'n Kiesel

Die Apokalypse beginnt

Ein Essay von Dieter Stiewi

Dieter Stiewi

Die Apokalypse beginnt

aus der Essay-Reihe
Noch 'n Kiesel

Autor: Dieter Stiewi
Umschlagillustration: rico auf pixabay
Verlag: BoD · Books on Demand GmbH,
                                      In de Tarpen 42, 22848 Norderstedt,
                                      bod@bod.de

ISBN: 978-3-7693-4031-0

1. Auflage: Februar 2025

Druck: Libri Plureos GmbH,
                                      Friedensallee 273, 22763 Hamburg

Inhaltsverzeichnis

1 Einleitung

Nach „Fünf Kiesel – was wir ändern können", welches im März 2023 erschien, ist es nun an der Zeit, einen weiteren „Kiesel" verbal zusammenzufassen. Genau wie die vorhergehenden fünf, ist auch dieser, dieses Essay, nicht dazu gedacht, etwas zu widerlegen, sondern die Alternative aufzuzeigen und zu untermauern.

Es gibt keinen Zweifel daran, dass das Klima sich ändert. Nach allem, was mir derzeit vorliegt, scheint zumindest dies wissenschaftlicher Konsens zu sein. Zweifel gibt es lediglich hinsichtlich Ursache, Geschwindigkeit und Konsequenz.

Betrachtet man archäologisch gewonnene Diagramme[1], die ermittelte – nicht gemessene – Temperaturverläufe über hunderttausende oder gar Millionen von Jahren hinweg aufzeichnen, kann man deutlich erkennen, dass es immer wieder Zeiten besonders hoher und Zeiten besonders niedriger Temperaturen gab. Hiernach befinden wir uns am Ende einer Eiszeit[2]. Ein weiteres Merkmal sollte dabei nicht außer Acht gelassen werden: Diese Änderungen verlaufen niemals

---

[1]   Die Rede ist beispielsweise von Eiskernbohrungen, Jahresringanalysen versteinerter Bäume oder dem Skelettaufbau von Korallen.

[2]   Eine Eiszeit ist dadurch definiert, dass beide Pole ganzjährig mit Eis bedeckt sind.

linear. Phasen schnellen und langsamen Klimawechsels – ja sogar Phasen rezessiven Temperaturverlaufs – wechseln einander ab. Den Temperaturverlauf über ein oder zwei Jahrhunderte zu betrachten, ist somit wenig zielführend. Immerhin ist die letzte Phase flächendeckender Vereisung etwa 10 bis 15.000 Jahre her – und hat ca. 100.000 Jahre angehalten.

Doch was bedeutet das für uns, wenn wir jetzt von einer aufkommenden Hitzeperiode reden? Werden wir alle verdursten?

Berücksichtigt man die Zeiten, die normalerweise ein solcher Übergang benötigt, werden nicht einmal unsere Urenkel eine spürbare Änderung der Wetterphänomene sehen. Immerhin reden wir von Jahrtausenden. Bis dahin können zwei Phänomene zum Tragen kommen: Entweder wird die natürliche Auslese alle nicht anpassungsfähigen Rassen aussterben lassen (und wir reden hier nicht von einem massenweisen Umkippen einzelner Individuen, sondern von einem schleichenden Verschwinden) oder die Rassen passen sich an die geänderten Lebensbedingungen an. Für den Menschen kommt noch die Möglichkeit in Frage, sein direktes Umfeld an seine Lebensgewohnheiten anpassen zu können, hinzu.

Woher kommt dann die Vorstellung, dass eine Klimaerwärmung das Ende allen Lebens auf der Erde, oder auch nur einiger Arten oder des Menschen an und für sich bedeutet?

Bezeichnen wir dies als das aktuelle Weltuntergangsszenarium.

Dieses zu beleuchten und in Relation zu älteren Weltuntergangsszenarien zu setzen, soll Ziel dieses Essays sein.

In vielen Fällen reicht ein Blick in die Geschichte, um einordnen zu können, was von gegenwärtigen Problemen zu halten ist. Hierbei sollen insbesondere auch die Weltuntergangs- und Katastrophenszenarien nicht außer Acht gelassen, die noch in den persönlichen Erfahrungshorizont älterer Leser fallen.

Diesen Fragen soll in diesem Essays nachgegangen werden. Immerhin sollte man mit der Erfahrung weniger Jahrzehnte gegen die Bedrohung durch den Untergang dieser Welt gefeit sein. Aber das ist längst nicht der Fall.

Und welchen Schluss ziehen wir daraus?

Welche Schlüsse sollten wir daraus ziehen?

Doch fangen wir am Anfang an ...

2 Vom Ende der Welt

Szenarien über den Untergang der Welt – und teilweise über ihre Wiederauferstehung - finden sich in den meisten Kulturen wieder. Ursache und Auswirkung können variieren, doch ist es faszinierend zu sehen, dass das Auslöschen jeden Lebens Teil jeder mythologischen Überlieferung ist. Die Frage, ob der Wunsch, solch ein Phänomen erklären zu können, oder gar die Angst davor, sei es zum Niederhalten oder zum Schüren derselben, soll an dieser Stelle nicht betrachtet werden, da es sich dabei vornehmlich um ein psychologisches (oder gruppenpsychologisches) Phänomen handelt.

Exemplarisch wuerden an dieser Stelle einige Szenarien ausgewählt, um sie näher zu beschreiben.

2.1 Die Offenbarung des Johannes

Sicherlich ist die Offenbarung des Johannes nicht die älteste prophetische Beschreibung des Weltuntergangs.[3] Da die Datierung selber an dieser

---

[3] Die Wissenschaft ist sich offensichtlich noch nicht einig hinsichtlich der genauen Datierung dieser Schrift. Es werden aufgrund des Kontextes Jahreszahlen zwischen 68 n.Chr. bis 132 n.Chr. angenommen.

Stelle nicht unbedingt relevant ist, soll hier von „um 100 nach Christi" ausgegangen werden.

Die Offenbarung selber wird als allegorische Prophezeiung des Weltuntergangs[4] betrachtet, mit allen dazu notwendigen Prämissen. Ohne weiter auf die einzelnen verwendeten Bilder (und Zahlen) einzugehen, sei gesagt, dass laut dieser Offenbarung mit einer Vielzahl von Katastrophen zu rechnen sein wird, deren Urheber die von Gott damit beauftragten Engel sind, die die Befehle ihres Herrn ausführen. Wir bekommen es nach Johannes[5] mit den Plagen Sieg[6], Krieg, Hunger und Krankheit zu tun, wobei diese Zuweisung ebenfalls wieder eine Interpretation der in der Offenbarung gezeigten Bilder, der vier apokalyptischen Reiter[7] ist.

---

[4] Das Wort „Apokalypse" stammt aus dem griechischen, der Sprache des Neuen Testamentes der Bibel. Es bedeutet „Offenbarung" und wird im Christentum synonym mit diesem Wort verwendet. Vielfach bezieht sich der Begriff „Apokalypse" auch unmittelbar auf die Offenbarung des Johannes.

[5] Es gilt nicht als gesichert, dass der Urheber dieser Offenbarung tatsächlich der Apostel Johannes war. Insbesondere unter der Voraussetzung, dass diese Schrift 100 oder mehr Jahre nach der Geburt Christi entstand, muss davon ausgegangen werden, dass es sich zumindest um eine andere Person diesen Namens handelte.

[6] „Sieg" wir in diesem Zusammenhang als der Sieg des Tyrannen oder der Sieg um des Sieges willen gesehen.

[7] Offenbarung 6, 1 – 8.

Doch damit nicht genug. Als nächstes folgen Naturkatastrophen, wie Hagel und Feuer, vermischt mit Blut, ein brennender Berg, der ins Meer fällt, ein brennender Stern und das Herunterdimmen von Sonne und Sternen[8]. Dann folgen noch Plagen, wie Heuschrecken, Feuer und Schwefel und schwerer Hagel[9]. Und letztendlich folgt die große Schlacht zwischen Gut und Böse, zwischen Gott und dem Teufel. Diese findet nahe der Stadt Harmagedon statt[10].

Die Plagen und Allegorien, die desweiteren noch in diesem Buch des Neuen Testaments auftauchen, sollen an dieser Stelle nicht beachtet werden. Es folgt ein Sieg des Guten, ein tausendjähriges Reich, in dem der Teufel „weggesperrt" wird und dann der Endkampf. Auch hier siegt das Gute und das Reich Gottes ohne Sünde, Krankheit und Tod folgt[11].

Interessant ist in diesem Zusammenhang, dass beispielsweise die nordgermanischen Edda ebenfalls eine Endzeitschlacht erwähnt ist. Die Schlacht von Ragnarök, in der die Riesen gegen die Götter der Germanen kämpfen[12]. Da die äl-

---

[8] Offenbarung 8, 6 – 13.
[9] Offenbarung 9, 13 – 11, 19.
[10] Offenbarung 16, 16. Dies ist übrigens die einzige
     Erwähnung des Namens Harmagedons in der Bibel.
[11] Offenbarung 21, 1 – 22, 5.
[12] Nach anderen Interpretationen symbolisiert dieser Krieg
     den Kampf des Göttergeschlechts der Wanen gegen das
     der Asen, wobei die Wanen die „alten Naturgötter"

teste bekannte Version dieser Edda aus dem Ende des 12. bzw. Anfang des 13. Jahrhunderts stammt, ist nicht auszuschließen, dass einige der Bilder der Johannes Offenbarung hier Eingang fanden. Jedoch sollte nicht vergessen werden, dass es sich bei der Edda in erster Linie um ein mündlich überliefertes Buch aus einer Zeit handelt, in der ein Kontakt zwischen den Germanen und den Christen ausgeschlossen werden kann[13].

Wichtig ist, dass die Masse der in der Offenbarung des Johannes verwendeten Bilder zwar eine mehr oder weniger exakte Zeitplanung suggerieren, diese sich allerdings (a posteriori) auf Grund ihrer Bildhaftigkeit auf fast jedes geschichtliche Ereignis anpassen lassen. Dies führt letzten Endes dazu, dass sich Apokalypsen dieser Art nicht fassen und zuweisen lassen und somit wissenschaftlich nicht greifbar – aber damit auch nicht angreifbar – werden. Als sichere Prognosen sind sie somit unbrauchbar.

---

darstellen und die Asen die „modernen Götter".

[13] Ein einfaches Kopieren kann auch dadurch ausgeschlossen werden, dass ähnliche Ereignisse ebenfalls in den Mythen anderer, geografisch weiter entfernter Kulturen gefunden werden kann. Man könnte im Zusammenhang mit dieser Endschlacht vielleicht sogar von einem Jungschen Archetyp sprechen, zumal ihr zumeist eine Zeit des friedvollen Miteinanders folgt. Interessant ist, dass sich zumindest was die Offenbarung des Johannes und das Ragnarök der Germanen anbelangt, sogar einige der verwendeten Bilder gleichen.

2.2 Ein neues Jahrtausend

Bereits in der Johannes-Offenbarung wird ein tausendjähriges Reich erwähnt, das zwischen der ersten und der letzten Schlacht zwischen Gut und Böse liegt, und in dem der Teufel „weggesperrt" ist. Alleine diese Angabe hat zu einer Vielzahl von Deutungen um diese Zahl geführt. Hierbei ist das historische „Tausendjährige Reich", welches, geschichtlich gesehen, gerade einmal zwölf Jahre Bestand hatte, nur eine Interpretation[14].

Da Zahlen schon immer eine nahezu magische Wirkung auf Menschen hatten, war es naheliegend, das insbesondere tief-religiösen Gemeinden der Wechsel ins Jahr 1000 nach Christus mit einer Vielzahl von Erwartungen verbunden war, Erwartungen, die sich nicht erfüllt haben. Vielfach wurde angenommen, dass der weiße Reiter aus der Offenbarung mit Jesus Christus gleichzusetzen sei, der im Jahre 0 erschien und somit das

---

[14] Hierbei wurde von der Wortwahl erwiesenermaßen auf das tausendjährige Reich der Johannes-Offenbarung zurückgegriffen. So sollte der Begriff den Bezug des Nationalstaates zur Religion und insbesondere zum christlichen Glauben untermauern und seine Attraktivität erhöhen, wobei gerade die Nationalstaatlichkeit im Gegensatz zu der Bedeutung des tausendjährigen Reiches der Johannes-Offenbarung steht.

tausendjährige Reich im Jahre 1000 n.Chr. endete und Platz für das Reich Gottes mache.

Retrospektiv betrachtet, kann jedoch keine geschichtliche, alle zumindest christlichen Nationen jener Zeit umfassende Zäsur erkannt werden.

Im Laufe der nächsten Jahrhunderte wartete man dann auf andere Zeichen, die das Ende der (uns bekannten) Welt prognostizieren sollten, etwa die Pest der Mitte des 14. Jahrhunderts, die noch vorwiegend mit Gebeten und Messen bekämpft wurde, weil man sie als eine Strafe Gottes ansah. Wichtig ist hierbei zuhalten, dass diese Weltuntergangsangst nicht nur von der sogenannten einfachen Bevölkerung prognostiziert wurde, sondern sich die Angst davor bis in die höchsten sozialen Kreise zog, sodass den Protagonisten ihrer Verbreitung nicht unbedingt eine böse Absicht vorgehalten werden kann. Man muss davon ausgehen, dass sie es selber nicht besser wussten, sondern sich nur an besagte Johannes-Offenbarung hielten.

Erst mit dem Erstarken der Wissenschaft, und damit wissenschaftlicher Erklärungen, trennte sich die Betrachtung eines möglichen Weltuntergangs von der Johannes-Offenbarung.

So war es tausend Jahre später nicht das Kommen eines weißen Reiters, das den Untergang der Welt prophezeien sollte, sondern die Angst vor der Antwort auf die einfache technische Frage, ob Computersoftware den Wechsel des Jahrtausends in den Datumsangeben schaffen würde, da bis dato alle Datumsangaben auf den 01.01.1900 bezogen waren[15].

Wie wir mittlerweile wissen, gab es am 01.01.2000 – beziehungsweise 02.01.2000 für produzierende Unternehmen – so gut wie keine Softwareprobleme. Das prophezeite weltuntergangsnahe Szenarium blieb aus.

2.3 Saurer Regen, Ozonloch und Erdölreserven

In den 80er Jahren begann man mit einer Vielzahl von Szenarien die Menschen zu verunsichern. Sicher sind „Saurer Regen", „Ozonloch" und das „Versiegen des Ölquellen" nur eine Auswahl, doch sollen diese einmal näher betrachtet werden, da sie dem Leser - hoffentlich - noch in Erinnerung sind.

„Saurer Regen" wurde in den 80er Jahren als das Ergebnis definiert, wenn Schwefelverbindungen aus der Verbrennungen zur Energie- oder

---

[15] Die Frage, ob die Hersteller der entsprechenden Software diese Schwachstelle in ihrem Produkt nicht schon längst erkannt und gegebenenfalls beseitigt hätten, wurde hingegen so gut wie gar nicht gestellt. Diese Fragestellung nicht in Betracht zu ziehen, kann als symptomatisch angesehen werden.

Wärmegewinnung in die Atmosphäre aufsteigen und sich dort mit kondensiertem oder molekularem Wasser[16] zu verdünnter schwefeliger Säure verbinden und wieder niederregnen.

Als Beispiel für die zerstörerische Wirkung dieses sauren Regens wurden insbesondere die Kalksteinstatuen an den Außenfassaden mittelalterlicher Gebäude und entnadelte Fichten etwa, etwa im Erzgebirge.

Unbeachtet der Tatsache, in wie weit der tatsächlich saure Regen schlussendlich diese Schäden verursacht haben kann, muss festgehalten werden, dass

—   gerade Kalkgestein sehr erosionsbehaftet ist und somit besagte Statuen bereits seit mehreren Jahrhunderten der Zerstörung preisgegeben waren. Zwar reagiert Kalkgestein schneller auf säurehaltige Ausspülung als auf eine Ausspülung durch nahezu pH-neutrales Regenwasser, aber eine Zunahme der Verwitterungsgeschwindigkeit konnte nicht belegt werden.

---

[16] Luft hat eine hohe Aufnahmefähigkeit von Wasser in Form mikroskopischer Tropfen bis hinunter zu Molekülen. Diese Aufnahmefähigkeit ist stark temperaturabhängig. Dies führt beispielsweise bei einer Absenkung der Lufttemperatur zur Tröpfchenbildung, zu Kondensat, zu Eiskristallen oder zu Nebelund bilden letztendlich Wolken. Die Schwefeloxide reagieren mit den Wassermolekülen und bilden schwefelige Säure und von dort nehmen die Wassertropfen diese schwefelige Säure mit, zurück zum Boden.

– zur gleichen Zeit gerade die Wälder des Erzgebirges von einem Borkenkäfer heimgesucht wurden, der für das vielfache Absterben der vorwiegend in Monokultur angepflanzten Fichten verantwortlich war. Heute sind diese Wälder zu einem Großteil wieder rekultiviert, sodass die Bilder, die sich dem Auge heute bieten, wesentlich grüner wirken. Einige Schonungen werden allerdings immer noch nicht neu aufgebaut, um Platz für Windräder zu schaffen, beziehungsweise den Druck für den Aufbau derselben in den entsprechenden Verwaltungen aufrecht zu erhalten. Mit saurem Regen hat das dann allerdings nichts mehr zu tun.

Desweiteren ist die Diskussion um den „sauren Regen" und die durch ihn verursachten Schäden in der Umwelt und in der Folge daraus auch an Tieren und Menschen bereits nach wenigen Jahren abgeflaut. Selbstverständlich wird die Reduzierung des „sauren Regens" mittlerweile auf die Instalation von Schwefelfiltern und den Vertrieb von schwefelreduzierten Kraftstoffen zurückgeführt, alleine ist das Abflauen dem Wirksamwerden dieser Maßnahmen fast zuvorgekommen.

Doch wer zu diesem Thema Informationen sucht, wird auch heute noch in den einschlägigen Foren fündig. Nur hat man der schwefeligen Säure (H_2SO_3) mittlerweile salpetrige Säure (HNO_2) und Kohlensäure (H_2CO_3) beigegeben, wobei die ersten beiden beziehungsweise deren Verursacher mittlerweile niedriger sind als die von der Politik festgelegten Grenzwerte. Ob damit ihre potentielle Zerstörung eingedämmt ist, ist genauso offen, wie die Frage, ob es diese potentielle Zerstörung – über das Maß der natürlichen Zerstörung durch die natürlich auftretenden Beimengungen im Regenwasser – signifikant vorhanden war. Wichtig im Zusammenhang mit dieser Ausarbeitung ist nur, dass die Zerstörung durch „sauren Regen", wenn überhaupt, weit weniger war, als seinerzeit prognostiziert wurde.

Erstmals 1985 stellte man über der Antarktis eine starke Ausdünnung der Ozonschicht fest[17]. Diese Ozonschicht dient gemäß den entsprechenden Wissenschaftlern dazu, die Sonneneinstrahlung – insbesondere die gefährliche UV-Strahlung – auf die Erde abzuschwächen. Ohne diese UV-Schicht wäre das Leben auf der Erde – zumindest so, wie wir es bisher kennen – nicht mehr möglich. Ohne weitere Interpretationen tätigen zu müssen, heißt dies, dass dort, wo die Ozon-

---

[17] Gemäß einem Artikel von Bernhard Pötter im Portal zeit.de vom 06.09.2007 unter dem Titel „In letzter Minute" gab es bereits 1957 erste Messungen zum Ozonloch, die aber keine Beachtung fanden. Wieder eine Erkenntnis, die in diesem Zusammenhang zu hinterfragen sich lohnt.
Erst seit Anfang der 1980er Jahre tritt das sogenannte Ozonloch regelmäßig, sprich mit dem Sonnenaufgang über der Antarktis auf.

schicht nicht mehr ausreichend funktioniert, kein Leben möglich ist.

Als Ursache wurden sogenannte FCKWs[18] ausgemacht, die bis dato als Treibmittel in Spraydosen und als Kühlungsmedien in Kühl- und Gefrierschränken Verwendung fanden[19].

Doch auch das von Wiederkäuern als Verdauungsgas ausgestoßene Ozon selber sollte, weil es bodennah in die Atmosphäre gelangte, zum Abbau der Ozonschicht beitragen[20].

Als Reaktion entschloss man sich, FCKWs weltweit zu verbieten. Im September 2014 veröffentlichte die Weltorganisation für Meteorologie (WMO) einen Bericht, nachdem das Ozonloch spätestens im Jahr 2050 kein Thema mehr sei, „wenn der Trend anhielte, den die Forschung seit Jahren beobachte"[21].

2015 hatte das Ozonloch seine größte Ausdehnung seit dem Rekordjahr 2006[22]. 2017 erreichte

---

[18] Flourchlorkohlenwasserstoffe.

[19] Wir wollen an dieser Stelle unberücksichtigt lassen, dass Kühlmedien in Kühl- und Gefrierschränken in einem geschlossenen Kreislauf Verwendung finden und somit erst nach Außerfunktionssetzung derselben überhaupt in die Atmosphäre gelangen können.

[20] Diese Theorie lässt sich heutzutage kaum mehr recherchieren.

[21] Hessischer Rundfunk: Liebling, wir haben das Ozonloch geschrumpft, Vom Ende einer Bedrohung. 26.02.2015.

[22] Badische Zeitung: Das Ozonloch wächst wieder, 24.10.2015.

das Ozonloch seine geringste Ausdehnung seit 1988[23].

Und was ist seit 2014 geschehen?

Die Antwort ist recht einfach: Nichts.

Man hat diese Schwankungen auf großräumige Wetterlagen über der sommerlichen Antarktis zurückgeführt und – im Nachhinein – wissenschaftliche Erklärungen dafür gefunden[24].

Mittlerweile ist man der Meinung, dass sich das Ozonloch 2070 schließen wird, auf jeden Fall in der zweiten Hälfte des 21. Jahrhunderts. Doch an dieser Stelle erspare ich mich weitere Belege. Denn eines ist klar: Wetterlagen gibt es immer und überall. Und es ist absurd zu glauben, dass sich diese nicht beliebig wiederholen werden. Zumal immer häufiger Wetterkapriolen erwartet werden, die sämtliche Berechnungen der Wettermodelle ad absurdum führen sollen.

Oder ist man einfach nur nicht in der Lage, Modelle zu erstellen, die auch diese Abnormalitäten berücksichtigen?

---

[23] Spektrum der Wisssenschaft: Ozonloch so klein wie seit Jahrzehnten nicht mehr, 04.11.2017.

[24] Natürlich kann man an dieser Stelle einwerfen, dass man im Vorhinein keine wissenschaftlichen Erklärungen für Phänomene finden kann, die man noch nicht kennt. Andererseits kann die Wissenschaftlichkeit einer Prognose in Zweifel gezogen werden, wenn das Modell solche Änderungen nicht berücksichtigen kann.

Ansonsten handelt es sich um eine ähnlich zuverlässige Prognose wie die aus der mediavalen Vergangenheit.

Bis dahin bieten Kreuzfahrschiffe weiterhin Reisen zu den Küsten der Antarktis an, während mit lauten Worten vor der dadurch entstehenden Umweltbelastung gewarnt wird – nicht aber vor der Belastung der Reisenden und des Schiffspersonals durch die konzentrierte, lebensfeindliche UV-Strahlung, die bekanntermaßen die Entstehung von Hautkrebs fördert[25].

Die Endlichkeit der Erdölreserven ist ein sehr interessantes Thema bezüglich der Analyse von Weltuntergangsszenarien. Anfang der 1980er Jahre wurde prognostiziert, dass die weltweiten Erdölvorkommen nur noch 20, maximal 25 Jahre reichen würden. Sämtliche Hinweise, dass der Verbrauch sinken, neue Vorkommen gefunden oder neue Fördertechnologien entwickelt werden könnten, wurden mit dem Argument totgeschlagen, dass das Berechnungs- und Prognosemodell dies bereits berücksichtige.

---

[25] An dieser Stelle sei die Frage nach der Quote von Hautkrebsfällen bei Antarktisreisenden und -forschern gestattet.
Zudem hat das IPCC mittlerweile festgestellt, dass das Ozonloch eine kühlende Wirkung auf das Klima hat. (*Climate Change 2001: Working Group I: The Scientific Basis.* (PDF) In: *Intergovernmental Panel on Climate Change Working Group I.* 2001, abgerufen am 18. Mai 2012 (Chapter 6.4 Stratospheric Ozone).)

Nun ist bekannt, dass die Erdölvorkommen noch wesentlich länger reichen. Zur Zeit sind Zahlen um 2075 im Gespräch[26].Laut der Bundesanstalt für Geowissenschaften und Rohstoffe liegen die sicheren Erdölreserven weltweit bei gut 244 Milliarden Tonnen und sind damit so hoch wie nie zuvor. Bei dem heutigen Welterdölverbrauch würden die gesicherten Reserven mehr als 50 Jahre ausreichen."[27]

Diese Aussage berücksichtigt zum Einen, dass der weltweite Erdölverbrauch weiterhin steigt, zum Anderen aber auch, dass die Vorkommen bis dato schneller gestiegen sind als die Verbräuche.

Die Berechnung berücksichtigt allerdings wiederum nicht, dass weitere Vorkommen gefunden werden können oder dass die Verbräuche weltweit sinken werden, da Ersatz für die Rohstoffe in der Kunststoffindustrie und in der Kraftstoffverbrennung gefunden werden werden. Und davon kann nach heutigem Kenntnisstand durchaus ausgegangen werden. Der Verweis auf die eMobilität sei nur ein Aspekt, der allerdings nicht sonderlich stark zu Buche schlagen wird,

---

[26] Die BVEG gab in einem Artikel von Wintershall/Christian Runkert vom 26.04.2023 an, dass die geschätzte Reichweite 2007 bei 46 Jahren lang (sprich: bis 2053), während sie 2023 „bei rund 40 Jahren [liege]. Dies würde bedeuten, dass die weltweiten noch etwa bis in das Jahr 2060 reichen."

[27] https://www.zukunftsheizen.de/brennstoff/wie-lange-reicht-das-erdoel/

selbst dann, wenn diese sich zu 100% durchsetzt – wovon gegenwärtig nicht ausgegangen werden kann – da der Verkehr nur noch einen Bruchteil des Erdölbedarfs ausmacht.

Interessant wird es dann, wenn man Menschen, die auf die Endlichkeit der Erdölvorkommen verweisen, auf die Entwicklung der letzten Jahrzehnte und auf die Prognose der Erschöpfung dieser Vorkommen anspricht. Die Argumentation beläuft sich auf neue Erkenntnisse hinsichtlich der Vorkommen und der Fördertechniken, also auf genau das, was vor 40 Jahren noch ausgeschlossen wurde.[28]

Dies macht folgendes sichtbar: Wie bei einer Religion werden bestimmte Grundsätze vorgeschoben, um das Gefahrenpotential einer Bedrohung durch einen irgendwie gearteten Weltuntergang zu projizieren, ohne Alternativen auch nur in Betracht zu ziehen. Denn alleine mit den Erkenntnissen der letzten 40 Jahre müssen sämtliche Prognosen – und damit sämtliche Modelle,

---

[28] Auf die Möglichkeit, dass auch Erdöl ein – wenn auch in geringerem Maße - „nachwachsender" Rohstoff sein könnte, wird nicht verwiesen. S. hierzu a.: https://weltderfertigung.de/downloads/interview-zillmer.pdf. Dieser Artikel ist dahingehend interessant, dass er keinen wissenschaftlich belegten Vorgang beschreibt, sondern die Herleitung lediglich aus rationaler Beobachtung generiert.
Alleine diese Möglichkeit in Betracht zu ziehen, die bereits seit den 1960er Jahren zu existieren scheint, ist ein Sakrileg.

die diese berechnen – in Frage gestellt werden.
Nur, wenn ich alles über die betrachteten Vorgänge weiß, kann ich ein relativ sicheres Prognosemodell erstellen.

Und davon, alles zu wissen, sind wir noch weit entfernt.

2.4 Der Kalte Krieg

Nach dem Sieg der Alliierten über die Achsenmächte bildeten sich zwei neue politische und militärische Lager auf der Welt: Der sogenannte Westen, der für sich die Umsetzung von Demokratie und Kapitalismus beanspruchte, sowie der Osten, in dem Sozialismus und Planwirtschaft umgesetzt wurden. Im Prinzip ein sinnvolles Experiment, da es die Stärken und Schwächen beider politischen und wirtschaftlichen System aufzeigen würde, wenn man sich geeinigt hätte, die Systeme parallel laufen zu lassen und ihre Genese von außerhalb beobachtet hätte.

Leider hatten beide System Sorge, dass das jeweils andere sie okupieren wollte, und waren peinlich darauf bedacht, jedwede Infiltration zu verhindern. Um sich vor einer Eroberung durch den jeweils anderen zu schützen, wurden zwei Militärbündnisse gegründet: Hier die NATO, dort der Warschauer Pakt. Und das Wettrüsten begann – um dem anderen zu zeigen, dass im Fall eines Angriffs ein Gegenschlag erfolgen würde, der den Angreifer auf einen Schlag vernichten würde.[29]

Wie bereits an anderer Stelle beschrieben, kann das „Experiment des realexistierenden Sozialismus als gescheitert angesehen werden.[30] Doch auch der Liberalismus, die marktwirtschaftliche Theorie des Kapitalismus, muss als gescheitert angesehen werden.[31]

Der Kalte Krieg, der deswegen als „kalt" bezeichnet wurde, weil keine Waffen abgefeuert wurden, endete quasi mit dem Untergang des Sozialismus und der Auflösung des Warschauer Paktes und der UdSSR. Auch wenn das den Eindruck vermittelt, der Westen habe gewonnen: Einen Sieger gibt es nicht. Nur Verlierer. Wie in jedem Krieg.

Doch auch der Kalte Krieg war ein Weltuntergangsszenarium, welches sich – wie man mittlerweile weiß – nicht als ein solches herausgestellt hat. Die Welt existiert noch und zwar – zumindest was das anbelangt – genauso wie während des Kalten Kriegs. Noch immer zeigen die einen mit dem Finger auf die anderen, nennen sie die

---

[29] Zur Hochzeit des Kalten Krieges stand beiden Bündnissen jeweils ein Waffenarsenal zur mehrfachen Zerstörung der gesamten Erde zur Verfügung.
[30] Stiewi, Dieter: Fünf Kiesel – Was wir ändern können, S. 46 – 47.
[31] Stiewi, Dieter: Fünf Kiesel – Was wir ändern können, S. 47 – 49.

„Bösen", die einem selbst nur Schaden zufügen wollen.

Betrachtet man diese Beschreibungen, wie sie etwa auch bei Joschka Fischers „Risiko Deutschland" zu finden sind[32], so wurde das Weltuntergangsszenarium des Kalten Krieges, der letztendlich in der Lage gewesen war, sämtliches Leben auf diesem Planeten zu zerstören und auf nahezu unbegrenzte Zeit zu verhindern, zum offiziellen Ende des Kalten Kriegs nicht beendet. Noch immer scheint es möglich, mit dem anderen als Feindbild Politik zu machen und Emotionen zu schüren. Und dies endet nicht einmal in der Politik.[33] Die Fronten wurden und werden wieder aufgebaut – vielleicht gerade weil die Systeme sich – von unterschiedlichen Seiten – wieder einander annähern.

Während Fischer das Ende des Kalten Kriegs noch als Ende der alten Ordnung bezeichnete[34], muss man heute, sieben Jahre später, sagen, dass immer mehr Politiker genau diese Ordnung des bedrohlichen Gegeneinanders versuchen, aufrechtzuerhalten oder wiedererstehen zu lassen.

---

[32] Fischer, Joschka: Risiko Deutschland, S. 24ff.

[33] So nannte der Bundeskanzler die AfD in einer Fragerunde im Bundestag zur Energiesicherheit am 05.7.22 eine Partei Russlands. Https://www.faz/aktuell/politik/inland/olaf-scholz-nennt-afd-partei-russlands-im-bundestag-18153602.html.

[34] Fischer, Joschka: Risiko Deutschland, S. 34ff.

In dem Weltuntergangsszenarium, der Bedrohung, die als überwunden hätte gelten können, scheint ein Gewinn für Dritte zu liegen.

2.5 Der anthropogene Klimawandel

Das Klima ist in einem ständigen Wandel. Seit Beginn der Erde wechseln sich Zeiten extremer Wärme mit Eiszeiten ab. Dass eine Eiszeit dabei hinter uns liegt, steht mittlerweile außer Frage. Damals waren zumindest Nord- und Mitteleuropa ganzjährig komplett von Eis bedeckt. Befinden wir uns also in einer Warmzeit?

Um eine Abgrenzung und eine klare Definition für die Frage, ob die jeweilige Epoche sich in einer Warmzeit oder einer Eiszeit befindet, zu bekommen, wurde definiert, dass es sich um eine Eiszeit handelt, „wenn zumindest die Festlandregionen einer Polkappe ganzjährig vergletschert ist"[35].

Schauen wir uns die Polkappen, also die Arktis und die Antarktis an, stellen wir fest: Beide Polkappen sind ganzjährig vereist. Da hilft es auch nicht, dass es in der Antarktis den sogenannten „Weltuntergangsgletscher"[36] gibt. Es handelt sich dabei um den Thwaites-Gletscher, dessen Abschmelzen oder Abbrechen einen Anstieg des

[35] https://de.wikipedia.org/wiki/Eiszeitalter
[36] https://de.wikipedia.org/wiki/Thwaites-Gletscher

Meeresspiegels um 65 cm – nur durch ihn – bis zu 3 Meter – inklusive dem Abschmelzen anderer antarktischer Eismassen als Reaktion – zur Folge haben kann.

Nun kann man darüber diskutieren, was der Anstieg des Meeresspiegels mit einem Weltuntergang zu tun hat.

Wissend, dass solche Prognosen geschichtlich betrachtet nie eingetreten sind, kann man ebenfalls darüber diskutieren, inwieweit diese Zahlen für den Anstieg des Meeresspiegels der Realität entsprechen werden.[37]

Interessant werden diese Aussagen auchin Betracht des Archimedischen Prinzips, dass ein schwimmender Körper genau soviel Gewicht an Wasser verdrängt, wie es dem Eigengewicht des Körpers entspricht[38]. Somit hebt die Schmelze schwimmender Eisberge den Meeresspiegel überhaupt nicht an, da diese nur aus Wasser – und Luft, die beim Schmelzen in die Atmosphäre ent-

---

[37] Dieser Anstieg berücksichtigt nicht einmal die Vergrößerung der Fläche. Oder die Frage, warum niemand bisher auf die Idee kam, Abwehrmaßnahmen gegen eine Erhöhung des Meeresspiegels in diesem Größenumfang zu generieren, wovon einige Wissenschaftler bereits in wenigen Jahrzehnten ausgehen.

[38] „Der statische Auftrieb eines Körpers in einem Medium ist genauso groß wie die Gewichtskraft des vom Körper verdrängten Mediums."

weicht – bestehen, also ihr Gewicht gleich dem Gewicht des verdrängten Wassers ist.

Da Eisberge etwa zu einem Drittel aus dem Meer ragen, ist ihre Dichte ungefähr 2/3 der Dichte von Wasser. Berücksichtigt man nun das Verhältnis der Oberfläche des Gletschers (2010: 192.000 km²) und setzt dieses ins Verhältnis zur Gesamtoberfläche der Meere (360 Mio. km²), so müsste der Gletscher durchgängig 1,8 km stark sein[39].

Doch was ist an diesem Klimawandel so besonders, dass er so vielen Menschen Angst macht, beziehungsweise, dass so vielen Menschen mit ihm Angst gemacht werden kann?

Verweist man in Diskussionen auf den natürlichen, ja zu erwartenden Anstieg der Temperaturen, bekommt man zu hören, dass der Anstieg noch nie so rasant war, wie heute.

Fragt man nach den Folgen eines (möglichen) weltweiten Temperaturanstiegs, erfährt man, dass der Mensch und viele Tierarten aussterben werden – zum Teil, weil diese Arten sich nicht so schnell an die sich ändernden Umweltbedingungen anpassen können.

Es handelt sich also letztendlich nicht um einen allgemeinen Weltuntergang, sondern in ers-

---

[39] 360.000.000 : 192.000 * 0,65 * 3/2 = 1.828
Und dabei wurde nicht berücksichtigt, dass ein nicht unwesentlicher Teil (4800 km²) des Gletschers auf dem Wasser der Amundsen-See aufliegt.

ter Linie – mit nur wenigen Ausnahmen – um die Angst vor dem Ende der Menschheit.[40]

2.5.1 Von den Anfängen

Die Forschungsgeschichte des anthropogenen Klimawandels geht auf Svante Arrhenius zurück, der 1896 die Hypothese aufstellte, dass nicht, wie von seinen wissenschaftlichen Vorgängern vermutet, Wasserdampf die Ursache für den Treibhauseffekt sei, sondern Kohlendioxid (CO_2). Er stellte die die Theorie des Einflusses der CO_2-Zunahme durch den Menschen auf, die Einfluss auf den Treibhauseffekt und damit auf die Durchschnittstemperatur habe.

Erst in den späten 1950er Jahren konnte ein Anstieg der CO_2-Konzentration in der Atmosphäre nachgewiesen werden. Und es dauerte noch einmal cirka 50 Jahre, bis ein Temperaturanstieg in der Troposphäre gemessen werden konnte, für den man den CO_2-Anstieg in der Atmosphäre als ursächlich ansah.

Erst 1958 begann Charles David Keeling mit der regelmäßigen Messung der CO_2-Konzentration auf dem Mauna Loa auf Hawaii, was letztendlich zur sogenannten Keeling-Kurve führte, die

---

[40] An dieser Stelle könnte man auf die Fußnote [37] verweisen und sich fragen, ob diese Angst berechtigt ist.

einen kontinuierlichen, annähernd exponentiellen Anstieg der CO_2-Konzentration zeigt.

Am 23. Juni 1988 sagte James E. Hansen vor dem Energy und Natural Resources Committee des US-Senats, er sei zu 99% davon überzeugt, dass die jährliche Rekordtemperatur nicht das Ergebnis natürlicher Temperaturschwankungen sei. Im November des gleichen Jahres wurde der Weltklimarat (IPCC) gegründet. Seitdem werden alle nationalen und regionalen Anstrengungen zur Eindämmung der weltweiten Eindämmung der Klimaerwärmung dort gebündelt und der entsprechende Druck wird auf die nationalen Regierungen ausgeübt[41].

2.5.2 Natürlicher Klimawandel

Wie bereits erwähnt: Klimawandel gibt es auf der Erde seit deren Entstehung. Eine Grafik über den Temperaturverlauf der vergangenen 541 Mio. Jahre zeigt umfangreiche Schwankungen von etwa 26°C (= 26 Kelvin) im Vergleich zu einem Durchschnitt der Jahre 1960 bis 1990.[42] Die Wahl

---

[41] Man sollte in diesem Zusammenhang nicht vergessen, dass es die Aussage eines Wissenschaftlers, der „zu 99% davon überzeugt" war, „dass die jährliche Rekordtemperatur nicht das Ergebnis natürlicher Temperaturschwankungen" sei, die letztendlich zur Gründung des Weltklimarates führte.

dieser Referenzgröße erscheint willkürlich[43], genauso wie die Wahl des Referenzzeitraums. Für die folgenden Betrachtungen sei dies allerdings unmaßgeblich, wenn ausschließlich Bezüge zwischen verschiedenen Zeitpunkten in Betracht gezogen werden.

Betrachten wir die Zeit bis vor etwa 11.000 Jahren, so stellen wir eine gewisse, „anormale" Linearität um die 0°C (= 0 Kelvin)-Marke fest. Es ist allerdings davon auszugehen, dass ähnlich lineare Temperaturverläufe in älteren Zeitabschnitten durch die Auflösung der Kurve untergegangen sind.

Davor finden wir die letzte Eiszeit – bei der es offensichtlich große Differenzen zwischen dem Temperaturverlauf in der Antarktis und dem in Grönland gibt. Gerade bei letzterem können größere Temperatursprünge und kältere Zeiten ausgemacht werden.

Wie es nach dem als Jahr 0 eingetragenen Zeitpunkt weitergehen wird, lässt die Kurve

---

[42] Quelle: https://de.wikipedia.org/wiki/Datei:Temp-phanerozoic_combined-de.svg.

[43] Vielleicht ist sie das aber nicht, da auf diese Weise der Zeitraum 1960 – 1990 als „normal" hinsichtlich des Klimas suggeriert wird. In einem fließenden Kontinuum kann jedoch von „normal" zu keinem Zeitpunkt die Rede sein. Genauso suggestiv kann die Auswahl eines zweiten, ausschnittsvergrößernden Teil des Graphen angesehen werden, der unmittelbar vor dem Maximum der letzten Warmzeit vor ca. 50 Mio. Jahren beginnt und langsam zur letzten Eiszeit absinkt.

nicht erahnen – lässt man einmal die eingegebenen Modellrechnungen für 2050 und 2100 außer Acht. Auf das Thema „Modellrechnung" wird im nächsten Kapitel eingegangen.

Temperatursprünge wie die durch die Modellrechnung suggerierten, sind ausgerechnet im Pleistozän häufiger zu finden, in dem die Durchschnittstemperatur über den Verlauf von 80.000 Jahren keineswegs als stabil angesehen werden kann. Bei ähnlichen Gradienten[44] sind hier Temperaturzunahmen von bis zu 7 oder 8 Kelvin zu verzeichnen.

Massensterben, wie etwa zwischen Perm und Trias vor cirka 252 Mio. Jahren, als die Durchschnittstemperatur um etwa 20 Kelvin anstieg, konnten für diesen Zeitraum nicht festgestellt werden.

2.5.3 Bestimmung der Durchschnittstemperatur

An dieser Stelle muss man zwei Durchschnittstemperaturen voneinander unterscheiden: Die vergangene, gemessene Durchschnittstemperatur und die zukünftige, errechnete Durchschnittstemperatur. Es gibt natürlich weitere Unterscheidungsfaktoren, beispielsweise hinsichtlich der Höhe der Mess- oder Berechnungspunk-

---

[44] Anstieg der Temperatur in einer Zeiteinheit.

te über dem Boden. Dies soll in diesem Zusammenhang als identisch vorausgesetzt werden.

Die zukünftigen, berechneten Temperaturen entstammen einem auf ein Klimamodell erweitertes Wettermodell. Gemäß der Neuen Zürcher Zeitung soll es sich dabei um ungefähr 50 verschiedene Modelle handeln, derer sich genau so viele Forschergruppen bedienen[45]. Hierbei sollte beachtet werden, dass die meisten dieser Modelle sich nur mit Teilaspekten oder Regionen des Weltklimas befassen, um schneller zu Ergebnissen zu kommen. Denn eines ist klar: Sowohl die Komplexität als auch die Größe des betrachteten Raums stellen die Rechner vor umfangreiche Schwierigkeiten hinsichtlich der Rechenkapazität beziehungsweise der benötigten Zeit. Zunehmende technisch angebotene Rechengeschwindigkeit bedeutet in diesem Zusammenhang, dass sowohl die Komplexität der Modelle als auch die Rastergröße immer genauer werden. Und hierbei darf man keineswegs davon ausgehen, dass die Wechselwirkungen, die zum Klima und damit zum Wetter führen, verstanden sind. Hierbei sei explizit aber nicht ausschließlich auf die Wolkenbildung hingewiesen, die in umfangreichen Wechselwirkungen zum Wetter und damit zum Klima steht und bisher keineswegs verstanden ist.

Doch was ist ein Modell?

---

[45] Titz et al.: Neue Zürcher Zeitung: Diese Klimamodelle.

Ein Modell ist „ein Abbild der Natur unter Hervorhebung für wesentlich erachteter Eigenschaften und Außerachtlassen als nebensächlich angesehener Aspekte"[46]. Was sind dann die Kriterien für das „Hervorheben" und das „Außerachtlassen"? Sicherlich werden Aspekte, die man nicht verstanden hat aus der Notwendigkeit heraus weggelassen, dass sie, da sie nicht verstanden worden sind, nicht mathematisch „nachbaubar" sind. Hinzu kommen wegen der oben angeführten Problematik der Rechenkapazität, sehr komplexe Vorgänge, die Rückwirkungen auf das Modell haben könnten. Und bei den oben bereits erwähnten Teilmodellen können problemlos andere Teilbetrachtungen ignoriert werden.[47]

Und der Rest kann problemlos ergebnisorientiert konfiguriert werden. Dies muss nicht einmal absichtlich geschehen. Die Tatsache, dass cih bereits ein potentielles Ergebnis im Kopf habe, beeinträchtigt den Blick auf andere Möglichkeiten und Aspekte. Immer.[48]

Selbst das Umweltbundesamt weist auf seiner Webseite ausdrücklich darauf hin, dass „selbst

---

[46] Vgl. Brockhaus, 19. Auflage.

[47] Doch auch hier treten bereits Probleme auf, da nicht erkannte Wechselwirkungen auf diese Weise ignoriert werden.

[48] Auch dies erklärt, neben der Tatsache, dass laufend Änderungen im Status Quo der Erde vorgenommen werden, warum die Prognosen der Klimamodelle bisher so oft daneben lagen.

wenn Klimamodelle die physikalischen und chemischen Zusammenhänge in der Atmosphäre sehr genau abbilden könnten," Unsicherheiten verbleiben würden.[49] Die Tatsache, dass der ganze Satz im Konjunktiv geschrieben wurde, sagt hier bereits einiges. Hierbei sei explizit aber nicht ausschließlich auf die Entstehung der Wolken hingewiesen.

Die Modelle wurden von Wissenschaftlern gebaut und ihre Ergebnisse sind also so interpretationsabhängig, dass sie nicht außerhalb des Kreises der mit ihnen beschäftigten angesprochen werden sollten.

Anders sieht es natürlich mit den seit 1881 gesammelten, gemessenen Temperaturen aus. Sie werden nach festgelegten Prozeduren in geeichten Messstationen abgelesen und zentral zu einem Mittelwert zusammengerechnet.

Wer nun allerdings glaubt, es handle sich um einen arithmetrischen Mittelwert aller Tagestemperaturen weltweit, sieht sich getäuscht. Die Zellengröße, für die eine Messstation zuständig ist, schwankt. Der berechnete Mittelwert muss das berücksichtigen. Ob es weitere Angleichungsparameter gibt, wie sie bei komplexen Mittelwertbestimmungen durchaus üblich sind, ist mir nicht bekannt.

---

[49] Vgl.: https://www.umweltbundesamt.de/themen/klima-energie/klimafolgen-anpassung/folgen-des-klimawandels/klimamodelle-szenarien.

Hinzu kommt, dass die Zahl der Messstationen jährlich wächst. Dies erhöht zwar die Genauigkeit der ermittelten Werte, reduziert allerdings Messung um Messung ihre retrospektive Vergleichbarkeit. Zudem fand zwischen den 1950er und 1960er Jahren ein Wechsel – zumindest im deutschen – Messrhythmus statt. Man wechselte von einer Messung pro Tag auf den Mittelwert von drei Messungen pro Tag[50] und 2001 auf den Mittelwert einer stündlichen Messung. Auch die Messgeräte sind in diesem Zeitraum genauer und weniger fehleranfällig geworden.

Aus den Dicken unterschiedlicher Jahresringe fossiler Bäume oder den Zusammensetzungen von Bohrkernen aus Bohrungen im „Ewigen Eis" kann unter anderem auf die pähistorischen Temperaturen geschlossen werden. Doch je weniger Werte man erhält, weil beispielsweise die Funde in der Vergangenheit immer seltener platziert sind, umso ungenauer wird die Mittelwertbestimmung. Umso unzuverlässiger werden Aussagen über globale Temperaturänderungen in der Vergangenheit.

---

[50] „Nach einer früheren Definition (bis 2001) wurde die Tagesmitteltemperatur eines Ortes aus dem Durchschnitt von drei täglichen Messungen der Temperatur ermittelt. Gewählt werden traditionell 7 Uhr, 14 Uhr und 21 Uhr, die sogenannten Mannheimer Stunden, wobei der Wert um 21 Uhr doppelt gerechnet und das Ergebnis der Addition der vier Werte durch 4 geteilt wird." Vgl.: Wqebseite des Bundesverbands Geothermie: https://www.geothermie.de/bibliothek/lexikon-der-geothermie/j/jahresmitteltemperatur.

Welche Bedeutung hat nun eine Aussage, dass es sich um den wärmsten Tag/Monat etc. seit Beginn der Messungen oder gar seit 125.000 Jahren handelt?

Wie bereits zu den Klimamodellen festgestellt, sind Vergleiche zu Referenzwerten in der Vergangenheit unzuverlässiger, je weiter man zurückgeht. Und das gilt in geringerem Umfang – leider – auch für die Messungen der Gegenwart. Die Möglichkeiten der ergebnisorientierten Einflussnahme sind gravierend und werden mit dem Postulieren ihrer Richtigkeit nicht besser.

2.5.4 Einflussfaktor Mensch

Hat der Mensch überhaupt Einfluss auf das Klima?

Diese Frage lässt sich eindeutig mit Ja beantworten. Der Mensch beeinflusst das Klima, denn alleine die Existenz des Menschen beeinflusst seine Umwelt und diese beeinflusst – in teilweise bisher unerklärten Zusammenhängen, wie bereits weiter oben dargelegt – das Klima. Mit jeder Scholle, die wir wenden, mit jedem Grashalm, den wir pflanzen, mit Atemzug beeinflussen wir das Klima. Denn alles beeinflusst das Klima – und das Klima beeinflusst alles! Dies sollten wir niemals vergessen.

Kann der Mensch das Klima verschlechtern oder verbessern?

Diese Fragestellung ist bereits komplexer, denn sie erfordert eine ethische Differenzierung in „gutes Klima" und „schlechtes Klima". Und das ist eigentlich nicht möglich. Außer, man fragt: „Gut oder schlecht für wen?" Gut für die Natur beantwortet diese Frage ebenfalls nicht, denn „die Natur interessiert sich nicht für den Menschen"[51]. Und selbst der Mensch ist sich nicht einig, welches Klima das für ihn ideale wäre. In diesem Sinne muss man fragen:

Beeinflusst der Mensch das Klima so, wie er es beeinflussen will oder nicht?

Und diese Fragestellung setzt eine Definition dessen voraus, was der Mensch mit seiner Beeinflussung des Klimas erreichen will. Dieses Beeinflussungsziel wurde letztendlich vom IPCC, dem Weltklimarat festgelegt und wird von ihm vorangetrieben.[52]

---

[51] Schätzing, Frank; Der Schwarm.

[52] Es ist leicht ersichtlich, dass bereits diese Konstellation gefährlich ist. Es handelt sich de facto um die Vereinigung von Exekutive, Legislative und Judikative in einem Gremium – auch wenn dies nur einen Teilaspekt des Lebens betrifft. Dabei ist es unerheblich, ob das IPCC das „Weltuntergangsszenarium auf Basis des anthropogenen Klimawandels" selbst erfunden hat, lediglich vorantreibt oder ihm sogar (nur) glaubt. Wesentlich ist, das die oberste Instanz für die Herleitung und die Lagebewertung ebenfalls für Durchführung und die Ergebnisbewertung und -prognose zuständig ist. Die

Betrachtet man die Geschichte der Erforschung des Einflusses des Menschen auf das Klima, findet man verschiedene Einflussfaktoren, die sich im Laufe der Zeit verändert haben: Wasserdampf, FCKW, Methan, CO_2. Und es ist nicht davon auszugehen, dass ein weiterer Einflussfaktor dazukommt.[53]

Warum?

Ziel der gesamten Aktivitäten ist die Erfüllung dessen, was das IPCC als Maß vorgegeben hat. Und das Druckmittel, mit dem der an sich träge Mensch dazu gebracht wird, genau dem Plan zu folgen, muss allgegenwärtig und möglichst noch für die eigene Person gefährlich sein. Kohlendioxid wird von jedem Menschen allein durch seine Existenz laufend produziert und führt in zu hoher Konzentration zum Erstickungstod. Zur Massenbeeinflussung ist ein Bedrohung mit diesem Gas genial.[54]

Aussage des IPCC „Wir haben unser Ziel erreicht!"
würde unmittelbar zur (Teil-)Auflösung des IPCCs
führen, da zumindest Teile des IPCCs nicht mehr
benötigt würden. Somit stellt sich die Frage nach der
Wahrscheinlichkeit dieser Aussage nicht mehr. Sie ist per
se unmöglich.

[53] SF_6, das Isoliergas, das in Windkraftanlagen verwendet wird und ein CO_2-Äquivalent von 22.800 besitzt, also 22.800mal so förderlich für den Treibhauseffekt ist, kann da nicht mithalten – zumal es für einen guten Zweck verwendet wird.

[54] Besser wäre es höchstens noch, dass ein Mangel an Wasser oder Sauerstoff die gesuchte Bedrohung

Dass CO_2 durch den Menschen produziert wird, steht also außer Zweifel. Dass dies die Sonneneinstrahlung beeinflusst, sei dahingenommen, wobei es Berechnungen gibt, dass der Anteil von CO_2, nachdem eine Zunahme der entsprechenden Moleküle keinen weiteren Zuwachs der Aufheizung bewirkt, bereits überschritten sei. Und welche Auswirkungen diese Aufheizung der Atmosphäre auf das Klima hat und welche Wechselwirkungen dadurch generiert werden, die sich der allgemeinen Aufheizung entgegenstellen, das erscheint unklar. Je weiter man sich in der Wirkkette vom aversierten Verursacher entfernt, umso unklarer wird es. Am Ende landet man wieder bei James E. Hansen und seinen 99% Sicherheit.

Interessant ist nun auch die Aussage des Bundesamtes für , dass man in den Modellen sozioökonomische Szenarien mit den Ergebnissen der Klimamodelle kopple, „um die Auswirkungen der klimatologischen Änderungen auf die sozioökonomischen Systeme zu sehen"[55]. Man will also wissen, wie Veränderungen des Klimas unser gesellschaftliches Miteinander beeinflussen, unsere Gesellschaft, unsere Produktion, unsere Politik.

---

darstellen würde. Ersteres hatte eine Zeitlang in Deutschland funktioniert, bis 2023 und 2024 wieder regenreiche Jahre kamen.

[55] Vgl.: https://www.umweltbundesamt.de/themen/klima-energie/klimafolgen-anpassung/folgen-des-klimawandels/klimamodelle-szenarien.

Das genau diese Sachen aber auch unser Klima beeinflussen wird nicht untersucht.

Wie oben gesagt, tut es das aber.

Man kann nun sagen, dass dieser Einfluss unmaßgeblich ist. Man kann sagen, dass er zuviel Rechnerkapazität benötige, da es sich um Rückkopplungseffekte handle, die sich laufend selber nachjustieren müssten (s.o.). Man kann aber auch sagen, dass dies nicht dargestellt werden darf, da genau diese Änderung der sozioökonomischen Systeme das Ziel dieser ganzen Aktion sei.

Eine Schwurblertheorie?

Sicherlich.

3 Das Damoklesschwert des Weltuntergangs

Wir können also davon ausgehen, dass Welteruntergangsprophezeiungen nichts weiter als populistische Prophezeiungen sind, die bestenfalls dazu geeignet sind, bestimmte Ausgangssituationen zu schaffen. Denn gemäß aller bisher gesammelter Erfahrungen, treten diese Szenarien nicht ein. Man kann sogar soweit gehen, zu sagen, dass eine Prophezeiung unwahrscheinlicher ist, je mehr ihre „Vision" von der gegenwärtigen Realität abweicht. Kleine Schwankungen im System müssen immer als möglich angenommen werden. Bei großen Schwankungen muss das, was man „immanente Selbstheilungskräfte" nennen könnte, berücksichtigt werden, jedes System wird versuchen, einen Status der Eigenstabilität zu erreichen.

Das bedeutet jedoch, dass das Weltuntergangszenarium ein Bild ist, das – gewollt oder ungewollt – eine Bedrohung und kein Erwartung darstellt.

3.1 Der Weltuntergang als Ziel

Wenn der Untergang der uns bekannten Welt, der Untergang der menschlichen Rasse oder nur der Tod eines Einzelnen als unausweichliche Folge eines Handlungsablaufes dargestellt wird, löst dies – sofern wir an diese Prognose, also dem, der sie zu uns trägt, glauben – in unserem Unterbewusstsein etwas aus. Auch wenn wir dieses logische Folge des Handlungsablaufes und die damit einhergehende letztendliche Folge in Frage stellen, löst dies bei unseren unterbewussten Handlungen etwas aus. Wir werden immer versuchen, Handlungen zu vermeiden, die zu diesem Ergebnis führen, und wir werden Handlungen vornehmen, die dieses Ergebnis vermeiden.

Auch, wenn wir uns bewusst sind, dass der erwähnte Handlungsablauf nicht so stattfinden muss, wie er dargestellt wird: Wenn dies nicht zu einer Infragestellung des Boten und damit der gesamten Botschaft wird, wird unser Unterbewusstsein stets diesen Weg wählen.

Die Angst vor dem Tod oder gar vor dem Untergang der menschlichen Rasse ist tief in unserem Unterbewusstsein verankert. Dies ist leicht daran zu erkennen, dass jedes Tier den Erhalt der eigenen Rasse selbst über das eigene Leben zu setzen bereit ist.[56]

Dieser Angst versucht unser Unterbewusstsein durch unbewusste Maßnahmen und entscheidungen entgegenzu wirken.

Selbstverständlich werden die wenigsten unserer Entscheidungen durch unser Unterbewusstsein gemacht. Aber das Unterbewusstsein entscheidet stets mit. Und wenn es der Meinung ist, diese Entscheidung sei falsch gewesen, bleibt zumindest ein ungutes Gefühl zurück.

Man kann also sagen, dass Weltuntergangstheorien geeignet sind, unser Verhalten zu steuern – sofern wir ihnen oder dem Überbringer glauben.

Hierbei sei auch auf den Weltuntergang am 21.12.2012 verwiesen. Er sollte eintreten, weil einer der ältesten Kalender menschlicher Kulturen an diesem Tag endete – der Maya-Kalender. Diese Theorie hat zwar nie Eingang in die Wissenschaft gefunden und wurde stets belächelt, aber dennoch sah die Süddeutsche Zeitung sich bemüßigt,

---

[56] Auch Corona hat dies eindringlich gezeigt. Als erstes wurden Szenarien eines schrecklichen Todes der Infizierten gezeigt. Danach kam die Infektionsgefahr als Bedrohung. Zu diesem Zeitpunkt hatte allerdings ein nicht unbeträchtlicher Anteil der Bevölkerung die Boten und damit die Botschaft in Frage gestellt und war für sie nicht mehr erreichbar.

dies aufzugreifen und über einen „noch älteren Fund" richtig zu stellen.[57]

War es die Botschaft, die das Ende des Maya-Kalenders als maßgebliches Ende der Welt in Frage stellte?

Auch hier war es die Glaubwürdigkeit des Boten, der über die Glaubwürdigkeit des Boten der Richtigstellung übertrumpft wurde.

3.2 Die Spur des Geldes

Es gibt einen alten Spruch: „Wenn Du wissen willst, wer das Sagen hat, folge der Spur des Geldes."

Das gilt natürlich in den unteren und mittleren Ebenen. Es gilt nicht weniger, je weiter man nach oben vorstößt. Und das hat einen einfachen Grund: Die Ansammlung von Kapital bei einigen wenigen superreichen Familien würde bedeuten, dass diese wenigen Menschen alles in der Welt bestimmen. Und das ist sicherlich übertrieben. Dies zeugt eher von Resignation und Fatalismus als dem Versuch, die Verantwortung für sein Le-

---

[57] https://www.sueddeutsche.de/wissen/maya-kalender-weltuntergang-verschoben-1.1354990.
Letztendlich handelt es sich um einen auf astronomischen Berechnungen basierenden, zyklischen Kalender der somit kein Ende haben kann – solange die entsprechenden Sterne auf ihrer Bahn bleiben.

ben zu übernehmen. Und es gibt genug Beispiele von Menschen, die sich dieser Verantwortung erfolgreich gestellt haben.

Würde man dieses Folgen der Spur des Geldes auf die Johannes-Offenbarung anwenden, so würde man im Nirgendwo enden, denn besagter Johannes, bei dem man sich mittlerweile sicher ist, dass es weder Johannes, der Täufer, noch der Evangelist Johannes war, hat für seine Offenbarung wahrscheinlich kein Geld bekommen. Die Kirche hingegen hat mit einer Vielzahl sich kontinuierlich anpassender Interpretationen viel Geld verdient.

Insofern würde die Spur des Geldes zum Verteiler und nicht aber zum Urheber der Nachricht führen.

In diesem Zusammenhang sollte allerdings gerade gegenwärtig etwas anderes als Geld berücksichtigt werden: Anerkennung, insbesondere Anerkennung von Menschen, die nach dem eigenen Verständnis sozial über einem stehen. Diese Anerkennung – für was auch immer – darf in den Kreisen, bei denen das nackte Vermögen keinen große Bedeutung mehr hat, weil „man ja eh genug davon hat", nicht unterschätzt werden.[58]

Betrachten wir nun das andere Ende der Kette: den menschengemachten Klimawandel. Wer verdient an ihm?

---

[58] Gerade hierzu empfehle ich Middelhoff; Schuldig.
    Siehe hierzu auch Stiewi; Fünf Kiesel; S. 89ff.

Zum Ersten hätten wir da – ganz offensichtlich – Unternehmen, die die zu seiner Abwendung notwendigen Geräte bauen und montieren. Das wären in erster Linie Solaranlagen, Wärmepumpen, Windkrafträder. Es handelt sich dabei vorwiegend um kleinere Unternehmen, die bestenfalls national tätig sind und nicht Macht genug hätten, solche eine Aktion weltweit auszurufen. Zudem müssten diese Unternehmen entweder einer international tätigen Lobby angehören oder sich zumindest dahingehend untereinander abgesprochen haben. Ich denke, das kann man getrost verneinen.

Bei Autobobilkonzernen, die bereits weltweit verstrickt sind, sähe das schon anders aus. Doch, unabhängig davon, dass auch sie in hartem Wettkampf miteinander liegen, leiden gerade sie unter dem stockend anlaufenden Verkauf von Elektroautos.[59]

---

[59] Sieht man einmal von Tesla ab, das bis zum Eintritt Musks in die u.s.amerikanische und damit auch in die Weltpolitik als Vorreiter der Elektromobilität von einem ungebrochenen Vertrauensvorschub der entsprechenden Käuferschichten profitierte. Dummerweise hat Musk die politische Linie seiner Hauptkundschaft – insbesondere in Europa – falsch eingeschätzt. Berücksichtigen darf man ebenso nicht die expandierenden chinesischen Hersteller, denen alle Vorteile einer auf Expansion setzenden Planwirtschaft zu Gute kommen. Hier seinen insbesondere staatliche Förderungen genannt, die die Herstellungskosten auf ein Niveau senken, an das nach marktwirtschaftlichen Prinzipien hergestellte Produkte

Blieben die Regierungen, die viel unternehmen, diesem Weltuntergangsszenarium entgegenzuwirken. Dies geschieht vordergründig in politischem Einvernehmen. Doch auch sie verdienen nicht unmittelbar daran, sondern müssen immer wieder mit Subventionen nachhelfen, damit das Ziel, zu dem sie sich in Kyoto[60] und Paris[61] bekannt haben, erreichbar bleibt.

Niemand wagt es, diesen Übereinkünften zu widersprechen.[62] Ob dies ausschließlich mit dem Wunsch nach Anerkennung und Dazugehörigkeit oder der Angst vor politischer und damit wirtschaftlicher Isolation oder der Angst vor dem Weltuntergang und dem Fehlen monetärer Unterstützung im Fall, dass die anfgedrohten Szenarien tatsächlich in Kraft treten – oder gar der Drohung des Streichens dieser Subventionen im Fall eines Nichtbeitritts – zu erklären ist, kann zum gegenwärtigen nicht bestimmt werden. Wahrscheinlich ist es ein bisschen von allem, denn eine solche Einstimmigkeit bei politischen Entscheidungen ist ansonsten nicht bekannt.[63]

---

nicht heranreichen.
[60] Kyoto-Protokoll 11.12.1997.
[61] Übereinkommen von Paris 12.12.2015.
[62] Außer Donald Trump, der den Austritt der USA am 01.06.2017 und erneut am 20.01.2025 nach exakt vierjähriger Zugehörigkeit der USA unter Präsident Biden.
[63] Dieses Abkommen gilt als in 195 von 195 Staaten ratifiziert. Was der nun erfolgte Austritt der USA zu

Politisch gesehen steht diesen Regierungen nur noch die UN vor und deren Rahmenabkommen, die UNFCCC[64], sowie der Weltklimarat IPCC. Betrachtet man die UN als eine Versammlung aller gewählten Staaten, kann man in der weitest möglichen Auslegung auch davon ausgehen, dass es sich um ein demokratisches Gremium handelt.

Der Weltklimarat IPCC wurde 1988 als „zwischenstaatlicher Ausschuss für Klimaänderungen" vom Umweltprogramm der Vereinten Nationen (UNEP) ins Leben gerufen. Er gilt mittlerweile als „Goldstandard" in der Klimaforschung. Im Auftrag des IPCC werden Forschungsergebnisse zum Klima aus aller Welt zusammengetragen, hinsichtlich ihres Zutreffens bewertet, in Berichten zusammengefasst und zusammen mit der Eintretenswahrscheinlichkeit der entsprechenden Konsequenzen veröffentlicht.[65]

---

bedeuten hat, bleibt abzuwarten – insbesondere, wenn die bereits angedrohten ersten Schäden nicht eintreten, was unweigerlich passieren wird, da alle zu erwartenden berechneten Auswirkungen des menschengemachten Klimawandels auf Maximalkonstellationen beruhen.

[64] United Nations Framework Convention on Climate Change. Dt: Rahmenübereinkommen der Vereinten Nationen über Klimaveränderung.

[65] IPCC = Intergovernmental Panel on Climate Change. Siehe hierzu: https://de.wikipedia.org/wiki/Intergovernmental_Panel_on_Climate_Change

Der IPCC besteht also nicht aus Politikern sondern aus einer Auswahl an Forschern, die hierzu nominiert werden.

Natürlich muss man, um hierzu berufen zu werden, im Rahmen des anthropogenen Klimawandels forschen. Und ich kann mir kaum vorstellen, dass man hierzu zu Ergebnissen kommen darf, die negative Aussagen hinsichtlich der Anthropogenität transportieren könnten. Daraus ergibt sich, dass man dort einen Schmelztiegel der Befürworter der Anthropogenität finden muss. Diese konsolidieren Forschungsberichte, bewerten sie hinsichtlich ihrer Eintretenswahrscheinlichkeit und fassen sie zu Berichten für die Politik zusammen.

Von dieser Seite betrachtet, liegt das Ergebnis dieser Berichte auf der Hand. Fügt man nun hinzu, dass die wenigstens Forscher ehrenamtlich unterwegs sind oder ergebnisunabhängig bezahlt werden, und dass alleine das IPCC 2016 über ein Budget von etwa 4,5 Mio. US-Dollar verfügte, ergeben sich bestimmte Wahrscheinlichkeiten. Hinzu kommt, dass das IPCC in der Vergangenheit bereits desöfteren dem ausgesetzt war, was seine Befürworter als Diskreditierungsversuche beschreiben. Gerade hinsichtlich dieser Aktionen ist die Wortwahl der hierzu zu Hilfe genomme-

nen Seite sehr populistisch, was überraschender-
weise bis dato nicht angepasst wurde.[66]

Ein solcher Schmelztiegel einer einzigen wissenschaftlichen Meinung hat bereits oben näher
definierte Folgen.

1. Wer hier in die Führungsriege gewählt wird,
   kann sich der uneingeschränkten Wertschät-
   zung seiner Mitstreiter sicher sein.

2. Die Konsolidierung der Forschungsergebnisse
   und ihrer negativen Auswirkungen stellt einen massiven Informationspool gegenüber
   nur vereinzelt verfügbaren Gegendarstellun-
   gen dar, den kein Nicht-Forscher – und hierbei seien vor allem die Politiker erwähnt, die
   die primären Kunden dieser Bericht sind – in
   Frage stellen kann.

3. Durch dieses fachliche Übergewicht, ist auch
   der bereits früher erwähnte psychologische
   Druck auf die jeweiligen politischen Entschei-
   dungsträger enorm.

4. Durch die bereits oben erwähnte Aufhebung
   der Gewaltenteilung wird es nahezu unmöglich, dieses Gremium jemals – aus welchem
   Grund auch immer aufzuheben.[67]

---

[66] So ist zum Beispiel dort mehrfach von „Klimaleugnern"
die Rede, ein Kampfbegriff, der in sich bereits absurd ist
und selber keinem anderen Zweck als der
Diskreditierung dient.

[67] Hier wäre als einzige erkennbare Möglichkeit ein
grundlegender Paradigmenwechsel in der Wissenschaft
und die Auflösung des IPCC ex katheder denkbar.

Den IPCC als „Goldstandard" zu bezeichnen, wie oben bereits erwähnt, entbehrt somit in keinster Weise einer gewissen (traurigen) Logik.

3.3 Wissenschaft, Politik, Presse

Doch, alleine eine Organisation zu haben, reicht nicht, mit deren Botschaft die Menschen – alle Menschen – zu erreichen, denn das IPCC ist einzig der UN verpflichtet. Für sie erstellt es die Sachstandsberichte oder Weltklimaberichte. Diese werden an die Mitgliedsstaaten der UN verteilt und aus ihnen leiten sich die Zielvorgaben ab, aus denen die einzelnen Regierungen Handlungsmaßgaben ermitteln. Solange ein Staat das Pariser Klimaschutzabkommen des UNFCCC ratifiziert hat, ist er der Einhaltung der Ziele dieses Abkommens verpflichtet, wobei die Sachstandsberichte bedeuten, inwieweit diese Ziele erreicht wurden und ob die nationalen Maßnahmen ausreichen oder verschärft werden müssen.

Dies ergibt einen Kreislauf zwischen Wissenschaft und Politik.

Was passiert nun, wenn der gesamte Klimawandel im Lot wäre?

Die Wissenschaftler des IPCC würden ihre letzten Sachstandsbericht anfertigen, würden ihn an den UN-Verteiler weitergeben, das Licht im IPCC ausschalten und nach Hause gehen. Sicher? Eine supranationale Behörde, die ihre eigene Überflüssigkeit erkennt und konsequenterweise ihre Arbeit einstellt?

Unwahrscheinlich! Man würde die Erreichung des Ziels feiern und nach wenigen Monaten wären die „Helden" vergessen.

Dann ist es doch wahrscheinlicher, dass man alles dazu tun wird, „Held" zu bleiben. In Erinnerung des einmal ausgerufenen und durch die Presse in alle Wohnzimmer getragenen Idioms des anthopogenen Klimawandels würde es sehr einfach, einen natürlichen Klimawandel ebenfalls als menschengemacht zu definieren. Die Presse, zwischen Informationspflicht und „Druck von außen", würde auch diese Theorie willig übernehmen, da keine Überzeugungsarbeit mehr zu leisten wäre.[68] Die Theorie des anthropogenen Klimawandels ist etabliert und jeder Leser/Zuhörer/Zuschauer ist bereits davon überzeugt, dass es ihn gibt.[69] Er hat nie aufgehört zu existieren. Die politischen Maßnahmen bleiben erhalten. Die Forschungsgelder werden weiterhin fließen, um das Szenarium zu unterstützen, das sie bereits Jahre zuvor unterstützt haben. Alles bleibt beim Alten und niemand schöpft Verdacht.

---

[68] Siehe hierzu: Stiewi, Fünf Kiesel, 2023, Seite 11ff.

[69] Außer ein paar „Klimaleugnern" vielleicht. Aber die werden bereits seit Beginn der Publikationen um den anthropogenen Klimawandel „bekämpft".

Das Einzige, was sich sicherlich ändern wird, ist die Anzahl der Forschungsergebnisse, die die Anthropogenität belegen. Und das fällt nur den Mitarbeitern des IPCCs auf, da die Ausarbeitungen, aus denen sie die Sachstandsberichte erstellen, abnimmt. Im Sachstandsbericht muss das nicht reflektiert werden – bzw. wird es sicher nicht reflektiert, wenn es das Bestreben der Ersteller dieses Berichtes ist, die Überflüssigkeit ihrer Institution geheim zu halten.[70]

Unter Berücksichtigung dieser Erkenntnis kann durchaus die Frage gestellt werden, wie dieser Scheitelpunkt erkannt werden soll, bzw. ob er nicht bereits übschritten wurde.

Dann wäre die Theorie des anthropogenen Klimawandels nur noch ein Weltuntergangsszenarium, eine Theorie zur Erzeugung von Angst, lediglich um die Bevölkerung zu kontrollieren.[71]

---

[70] Und dazu müssen Daten nicht einmal wissendlich oder vorsätzlich gefälscht werden. Eine geschickte Zusammenfassung kann immer eine größere (oder kleinere) Datenbasis suggerieren, als tatsächlich vorhanden war.

[71] Vergleiche hierzu auch die Handlungsanweisung des Bundesinnenministeriums für die Handhabung von COVID-19 vom 18.03.2020, in der explizit darauf hingewiesen wird, den Worst Case der Folgen einer COVID-Infektion zu kommunizieren. https://fragdenstaat.de/dokumente/4123-wie-wir-covid-19-unter-kontrolle-bekommen/; S.1.

4 Zusammenfassung

Es gibt kein Fremdwort für den Weltuntergang. Schlägt man dies nach, stößt man auf „Apokalypse", was – wie weiter oben bereits erwähnt – „Offenbarung" heißt. Somit können wir davon ausgehen, dass das Szenarium für einen Weltuntergang stets als eine Offenbarung einer höheren Intelligenz an uns Menschen dargestellt wird.

Bei der Johannes-Offenbarung war dies offensichtlich, wird dies doch im Vorwort derselben genau so erklärt. Was aber ist diesbezüglich von den durch die Wissenschaft[71] suggerierten Weltuntergangsszenarien zu halten?

Entweder sind es keine Weltuntergangsszenarien (sondern werden nur dazu gemacht) oder die in sich uneinige Wissenschaft wird als höhere Intelligenz interpretiert.

Die Erkenntnis sollte nun sein, dass es bis dato eine Vielzahl von Weltuntergangsszenarien gab, von denen nicht nur keines eintraf, sondern die alle wesentlich unspektakulärer verliefen, als sie in ihren Hochphasen der Postulierung dargestellt wurden.

---

[71] Wie ebenfalls weiter oben bereits erläutert, kann man getrost davon ausgehen, dass es „die Wissenschaft" nicht gibt. Mehrere Theorien streiten insbesondere in Wissenschaftebereichen miteinander, die noch nicht komplett erforscht sind.

Bei der Annahme eines Weltuntergangs oder auch nur des Verschwindens der Menschheit handelt es sich also zweifelsfrei um Narrative, Glaubenssätze, die durch ihre Wiederholung in Umlauf kamen und sich dort halten. Das Anzweifeln von Glaubenssätzen ist allerdings per se nur in den Augen derer gefährlich, deren Glaube nicht gesichert ist, Laien also, denn sie benötigen die Wiederholung des Glaubenssatzes zur Festigung ihres Glaubens.

Letztendlich ist dieses Essay nicht dazu gedacht, die Johannes-Offenbarung zu be- oder widerlegen, der Endlichkeit der Erdölvorkommen oder der Anthropogenität des Klimawandels zu widersprechen, sondern die Möglichkeit der Existenz von Alternativtheorien darzulegen. Alternativen zu dem, was zum Weltuntergang führen soll.

Dies mag für manchen keine grundlegende Erkenntnis sein. „Nichts wird so heiß gegessen, wie es gekocht wird.“ Doch zeigt die Geschichte hier eines recht deutlich:

Menschen, die an eine dieser Theorien glauben, richten ihr ganzes Handeln danach aus, alles zu tun, um dies zu verhindern. Ein bisschen geht nicht. Toleranz ist nicht Teil dieser Glaubensgrundsätze, denn es heißt: „Entweder folgen alle meinem Rudelführer, oder wir werden alle untergehen!“

Auch, was den anthropogenen Klimawandel anbelangt, gibt es eine Vielzahl von Fragezeichen

– hinsichtlich der angewandten Modelle und Methoden

– hinsichtlich des Verständnisses des Gesamtsystems

– hinsichtlich der Auswahl und Präsentation der Berichte.

Inwieweit dies alles begründet ist, kann im Rahmen dieses Essays natürlich nicht bestimmt werden. Dennoch sollten Zweifel angebracht sein.

Jedem Menschen sei unbenommen, ob er an eines oder das andere Welteruntergangsszenarium glauben möchte, oder nicht. Solange er nicht andere zwingen will, dies ebenfalls zu tun und gemäß den dazugehörigen Ideologien und Verhaltensweisen zu leben, die er sich – oder man ihm – daraus abgeleitet hat. Die Wahrscheinlichkeit, dass dieses spezifische Szenarium in Kraft treten wird, ist in jedem Fall gering.

Selbst, wenn man der Überzeugung ist, dass die gesamte Welt nur dann zu retten ist, wenn alle Menschen dieser spezifischen Norm folgen, ergibt sich alleine aus der Wahrscheinlichkeit, dass man selber im Unrecht sein könnte, die Verpflichtung, andere Meinungen und anderes Handeln zu respektieren.[72]

---

[72] Kleine Anmerkung zum Schluss:
   https://uncutnews.ch/studie-keine-einzige-

Die Menschheit hat bereits so viele Weltunter-
gänge überlebt, dass es auf einen mehr oder weniger auch nicht ankommt.

naturkatastrophe-kann-auf-den-klimawandel-
zurueckgefuehrt-werden/.

Literaturverzeichnis

Fischer, Joschka: Risiko Deutschland – Krise und Zukunft der deutschen Politik, Köln 2018.

Guérot, Ulrike: Wer schweigt, stimmt zu - Über den Zustand unserer Zeit und darüber, wie wir leben wollen, Frankfurt 2022.

Krech, David/Crutchfield, Richard S./Ballachey, Egerton L.: Individual in Society. A Textbook of Social Psychology, New York 1962.

Maslow, Abraham: A Theory of Human Motivation, in: Psychological Review, Vol. 50, S. 370 - 396, Juli 1943.

Maslow, Abraham/Geiger, Henry/Maslow, Bertha: Farther Reaches of Human Nature, New York 1993.

Middelhoff, Thomas: Schuldig - Vom Scheitern und Wiederaufstehen, Asslar 2019.

Münnich, David: Das System der 5 Biologischen

Naturgesetze - Band 1, 8. Auflage, Beckingen 2019.

Schwab, Klaus/Malleret, Thierry: COVID-19: Der große Umbruch, Genf 2020.

Spitzer, Manfred: Depressionen und Burn-Out, München 2019.

Stiewi, Dieter: Die theoretische Kompatibilität der deutschen historischen Schule der Nationalökonomie und des amerikanischen Institutionalismus, unveröffentlichte Diplomarbeit, Aachen 1994.

Stiewi, Dieter: Fünf Kiesel – Was wir ändern können, Oberhausen/Obb. 2023.

Titz, Sven/Renner, Adina: Diese Klimamodelle – wie funktionieren die eigentlich genau – eine Annäherung; in: Neue Zürcher Zeitung, 12.11.2021, https://www.nzz.ch/wissDie enschaft/klimawandel-wie-funktionieren-eigentlich-klimamodelle-ld.1655016.

Über den Autor

Dieter Stiewi wurde 1964 in Aachen geboren. In Würselen aufgewachsen, studierte er von 1983 bis 1993 an der RWTH Aachen Maschinenbau und Wirtschaftswissenschaften. Beide Studiengänge schloss er mit einem Diplom ab und er arbeitet seit 1995 im Rhein-Main-Gebiet als Maschinenbau-Ingenieur.

Basierend auf einem studienbegleitenden Fernstudium der Belletristik schreibt Stiewi seit 2005 Kurzgeschichten und Romane, von denen bereits eine Vielzahl veröffenticht wurden.

Erst 2020 begann Stiewi, basierend auf den Erkenntnissen seiner Diplomarbeit im Bereich vergleichender Theorienlehre der Volkswirtschaften Ideen für eine sozioökonomische Analyse der gegenwärtigen Gesellschaft zusammenzutragen, die zum ersten Mal in dem im März 2023 in dem im NOEL-Verlag Oberhausen/Obb. erschienenen Buch „5 Kiesel – Was wir ändern können" festgehalten wurden. Einige dieser Ideen fanden allerdings bereits ihren Weg in einige seiner Kurzgeschichten und den dystopischen Roman „Alles gelogen".

Erhältlich sind bereits:

Fünf Kiesel – Was wir ändern können, NOEL, Oberhausen/ Obb. 2023.

Noch 'n Kiesel – Die Apokalypse beginnt, BoD, Norderstedt 2025.